VENTE DES MARDI 2 ET MERCREDI 3 JUIN 1896

COLLECTION DE M. LE CHEVALIER M...

ANTIQUITÉS

ÉGYPTIENNES

ASSYRIENNES, GRECQUES & ROMAINES

Henri LEMAN

EXPERT

PARIS — 1896

CATALOGUE

DES

ANTIQUITÉS

ÉGYPTIENNES
ASSYRIENNES, GRECQUES & ROMAINES

BRONZES — MARBRES — TERRES CUITES
VERRES, VASES PEINTS — PIERRES GRAVÉES ET SCULPTÉES
PAPYRUS ET SARCOPHAGES ÉGYPTIENS
BOIS, CALCAIRES, TERRES ÉMAILLÉES, STÈLES, ETC.

COMPOSANT

LA COLLECTION DE M. LE CHEVALIER M.

et dont la vente aura lieu à Paris
Hôtel Drouot, Salle n° 8

les Mardi 2 et Mercredi 3 Juin 1896
à deux heures.

Me Maurice DELESTRE	**M. Henri LEMAN**
COMMISSAIRE-PRISEUR	EXPERT
5, rue Saint-Georges, 5	12, rue de Seine, 12

EXPOSITION PUBLIQUE le lundi 1er *Juin 1896*
de 1 h. 1/2 à 6 heures.

CONDITIONS DE LA VENTE

La vente sera faite au comptant.

Les acquéreurs paieront *cinq pour cent* en sus des enchères.

Les lots pourront être réunis ou divisés au gré de l'expert.

N.-B. — L'ordre numérique ne sera pas suivi.

DÉSIGNATION DES OBJETS

ANTIQUITÉS ÉGYPTIENNES

BRONZES

1 Bast à tête de chatte. Grande figurine aux yeux inscrutés d'or, la robe ornée de dessins linéaires. — Base antique. — H 0,25.

2 Horus enfant nu, avec la tresse pendant sur l'épaule, l'uræus au milieu du front, l'index de la main droite rapproché des lèvres, le bras gauche abaissé et la jambe gauche portée en avant. Base oblongue avec légende hiéroglyphique, renfermant un hommage à Horus, fils d'Isis. — H 0,135. — Socle en jaune de Sienne.

3 Bast à tête de chatte, les yeux dorés, un panier au bras gauche, une tête de Sokhit avec l'égide à la main gauche, le sistre à la droite avancée. Elle est drapée dans une tunique rayée, collante et sans manches. La poignée du sistre est ornée d'un masque de Bès. — H 0,108. — Base en marbre noir.

4 Sokhit, à tête de lionne, drapée et coiffée du disque solaire avec l'uræus. Son bras droit est pendant, l'autre avancé. Attitude de la marche. — H 0,21. — Main droite brisée.

5 Bœuf Apis, portant entre ses cornes le disque à l'uræus. Il est paré d'un collier et revêtu d'une housse brodée. Un scarabée ailé et un vautour aux ailes éployées sont gravés au trait, l'un entre la housse et le collier, l'autre sur l'arrière-train. — H 0,065. — Base en jaune de Sienne.

6 Bast à tête de chatte, habillée d'une tunique rayée (sans manches), tient l'égide à la main gauche, le sistre à la droite. — H 0,124.

7 Très grande statuette d'Osiris debout, mummiforme, tenant le pédum et le fléau. — Coiffé de l'atef orné de l'uræus et de deux cornes horizontales. — H 0,52. — Socle en albâtre.

8 Khem ithyphallique. Le dieu est debout, mummiforme, coiffé du disque solaire et des deux plumes. — H 0,210.

9 Imhotpou (Esculape) assis. Son nom est gravé en hiéroglyphes sur le rouleau qu'il déploie. — H 0,152. — Beau socle en marbre noir.
(*Collection J. Gréau.*)

10 Phtah momie, coiffé d'un serre-tête. Il tient des deux mains le sceptre à tête de lévrier et dans la main droite le signe de la vie (croix ansée). — H 0,18. — Base en albâtre.

11 Grande figurine d'Osiris momie, tenant le pedum et le fléau. Il est paré d'un quadruple collier, et sa couronne *atef* porte un uræus sur le devant.
Traces de dorure; détails au trait, d'une très grande finesse. — H 0,27.

12 Horus enfant assis, coiffé du claft surmonté du disque

lunaire, des cornes, des plumes et de l'uræus. — H 0,12.

13 Osiris debout, mummiforme et coiffé de l'atef. — Il tient le pédum et le fléau. — La tunique est entièrement gravée de plumes et simule le corps d'un oiseau. — (*Pièce rare.*) — H 0,18.

14 Égide décorée de deux têtes de divinités : L'une, *Sokhit*, coiffée du disque et de l'uræus, l'autre, *Ammon-Ra*, coiffée de la perruque ronde, ornée de l'uræus et surmontée de quatre plumes droites. — H 0,17.

15 Horus enfant nu, dans l'attitude de la marche, l'index de la main droite rapproché des lèvres, le bras gauche pendant. — H 0,14.

16 Sokhit à tête de lionne coiffée d'un disque et d'un uræus; les bras pendent le long du corps. — H 0,14.

17 Lampe en bronze, formée par un poisson fixé au milieu d'une tige terminée à la base en trépied et surmontée d'une statuette du dieu Bès. — H 0,19.

18 Situle, ornée de trois frises, dont les figurines — en taille d'épargne — représentent une suite de divinités et de cynocéphales. — H 0,13.

19 Épervier sacré, coiffé du pschent. — La base oblongue sur laquelle il est posé renferme un épervier momifié. — H 0,14, L 0,19.

20 Bès debout, les bras pendants sur les cuisses, la tête surmontée de quatre plumes droites. — H 0,115.

21 Chacal couché, posé sur une colonnette, portant une inscription. — H 0,13.

22 Bœuf Apis, couronné du disque orné de l'uræus; le collier, le scarabée ailé et la housse sont finement gravés sur le dos de l'animal. — H 0,11, Long. 0,105.

23 Isis allaitant Horus. La déesse est coiffée du claft surmonté de la couronne d'uræus, des cornes et du disque. — H 0,17.

24 Horus enfant assis, coiffé du claft surmonté des cornes, des plumes et des uræus. — H 0,13.

25 Roi dans l'attitude de la marche. Il est coiffé du claft orné de l'uræus et vêtu d'un tablier autour des reins; les bras pendent le long du corps. — H 0,115.

26 Bès debout. Il est coiffé de plumes et brandit un sabre de la main droite. — H 0,11.

27 Manche de sistre décoré d'une double tête d'Hathor. — H 0,08.

28 Bras droit de figurine tenant un uræus coiffé du disque solaire. — L 0,12.

29 Chatte assise portant un collier orné d'une égide. — H 0,13.

30 Adorant à genoux. — H 0,08.

31 Osiris debout. Le dieu mummiforme ayant les insignes habituels. — H 0,17.

32 Petit crocodile sur une base. — H 0,020, L 0,064.

33 Tête d'Ibis. — H 0,07.

34 Petite figurine de chatte assise. — H 0,055.

35 Petite figurine du dieu Phtah mummiforme. — H 0,065.

36 Osiris debout. — H 0,17.

37 Osiris debout, fin travail. — H 0,16.

38 Osiris debout. — H 0,12.

39 Osiris debout. — H 0,12.

40 Uræus coiffé du pschent et se redressant sur une fleur de lotus. — H 0,108.

41 Grand uræus provenant d'une coiffure de figurine. Exécution très fine. — H 0,10.

SCULPTURES DIVERSES

42 Jolie statuette funéraire. *Ushebti* — au nom du « *chef des soldats du maître des deux mondes Ka-sa* ». Ce personnage est coiffé d'une perruque cannelée retombant sur les épaules ; les bras sont le long du corps enveloppés dans la robe plissée. L'âme à tête humaine étend ses ailes sur la poitrine du défunt. — Serpentine. — H 0,245.

43 Statuette funéraire. *Ushebti* au nom du scribe royal « *Djet-s-maut* ». — Albâtre. — H 0,21.

44 Grande statuette d'Osiris mummiforme assis sur un

siège cubique, tenant le pédum et le flagellum. Granit noir. — H 0,46.

45 Tête et buste d'une statuette de style saïte ; ce personnage porte une chevelure retombant sur les épaules. — Bonne exécution. Beau socle en marbre gris, en forme de pyramide tronquée. — H du buste 0,15, H totale 0,29.

46 Statuette d'un personnage agenouillé tenant devant lui un naos dans lequel est sculpté une statuette d'Isis debout. Au revers du monument, inscriptions hiéroglyphiques gravée avec un cartouche royal. — Basalte. — H 0,32.

Beau socle en marbre bleu turquin en forme de pyramide tronquée. — H 0,18.

47 Tête et torse d'une statuette d'homme portant la coiffure ronde. La main gauche est ramenée sur la poitrine. — Basalte noir, socle en velours rouge. — H 0,155.

(*Collection Hoffmann.*)

48 Fragment de statuette. — Un personnage debout tient devant lui une figurine d'Osiris. — Inscriptions au revers et sur les côtés de la statuette. — Basalte. — H 0,20. — Socle elliptique en marbre blanc. — H 0,075.

49 Grande tête de sarcophage coiffée du claft, les yeux grands ouverts, les lèvres épaisses ; les oreilles débordent de la coiffure. — Calcaire. — H 0,46, Larg. 0,44.

Restaurations au claft.

50 Table à libations de forme rectangulaire décorée de

gravures représentant des vases et divers aliments. — Granit noir. — Long. 0,21, Larg. 0,22.

51 Esclave agenouillé et tenant un vase devant lui. Le personnage a la tête recouverte d'une chevelure crépue se réunissant en une tresse unique qui retombe dans le dos. Il est vêtu de la shenti. — Basalte brun. — H 0,155.

(*Collection Hoffmann.*)

52 Très belle stèle cintrée à la partie supérieure. — Le tableau représente un adorant devant Ammon-Ra, Osiris et Isis ; dessous, quatre lignes d'inscriptions hiéroglyphiques. — Calcaire. — H 0,44, Larg. 0,34.

53 Tête et torse d'une statuette d'homme de style saïte. La tête est coiffée d'une perruque ronde. — Au revers, le commencement d'une inscription. — Calcaire. — H 0,15.

54 Petite statuette en serpentine. — Personnage accroupi. — Nombreuses inscriptions. — H 0,07.

55 Tête et torse d'une statuette de femme coiffée du claft. — Albâtre veiné. — H 0,19.

(*Collection Hoffmann.*)

56 Tête imberbe, très finement sculptée. — Albâtre. — H 0,095.

57 Horus sur les crocodiles. Le jeune dieu est debout ; il tient les attributs habituels : les serpents, les scorpions, le lion et la gazelle. — La tête de Bisou est au sommet du monument. — Calcaire. — H 0,17, Larg. 0,06.

58 Bas-relief représentant Horus sur les crocodiles. — Marbre blanc. — H 0,086.

59 Petit vase portant le cartouche nom du roi Chéops. — Grès. — H 0,08.

(*Collection Posno.*)

60 Plaque en albâtre portant les cartouches de *Ramsès III*. — Long. 0,09.

(*Collection Posno.*)

61 Osiris mummiforme assis sur un siège cubique; il tient le pédum et le flagellum. — Granit. — H 0,15.

62 Socle de statuette. — Inscriptions hiéroglyphiques au pourtour et sur le dessus. — Pierre grise. — Long. 0, 125, Larg. 0,08, H 0,03.

63 Socle rectangulaire. — Inscriptions au pourtour avec quatre cartouches royaux. — Granit. — Long. 0,15, Larg. 0,09.

64 Canope à tête humaine d'Amset. — Calcaire. — H 0,41.

65 Canope. Tête d'Amset. — Calcaire. — H 0,25.

66 Canope. Tête de Tiaumaut. — Calcaire. — H 0,33.

67 Tête de Canope. Amset. — Calcaire. — H 0,14.

68 Scarabée. Granit vert. — Inscriptions hiéroglyphiques. Long. 0,065.

69 Fragment d'un haut-relief égyptien. Masque de Bisou surmonté de deux crocodiles affrontés. — Au

revers, inscriptions hiéroglyphiques. — Stéatite. —
H 0,09, Larg. 0,09.

70 Gazelle couchée. — Schiste gris. — Long. 0,13.
H 0,06.

71 Fragment d'une statuette en basalte. — Tête et torse
de femme égyptienne. — H 0,10.

72 Fragment de figurine représentant un Adorant à
genoux tenant devant lui un naos dans lequel est
une figurine de Ptah. — Serpentine. — H 0,06,
L 0,06.

73 Scarabée en granit vert sans inscription. — Long.
0,065, Larg. 0,045.

74 Scarabée en jaspe vert. — Long. 0,042, Larg. 0,038.

75 Deux Scarabées. — Feldspath.

76 Trois Scarabéoïdes en pierre dure.

77 Pyramide en pierre calcaire. Les deux côtés princi-
paux sont ornés au milieu de deux personnages
sculptés en relief, de face, et placé dans un naos,
et de nombreux caractères et figures hiéroglyphiques. — Les deux autres côtés sont gravés à la
partie supérieure de deux cynocéphales adossés et
d'inscriptions. — H 0,50, Larg. 0, 33, Long. 0,50.

78 Buste de Jupiter-Sérapis. Le dieu, barbu et chevelu, a
la tête surmontée du modius orné de branches
de laurier. — Basalte noir. Socle en stuc rouge.
— H 0,18.

(*Collection Hoffmann.*)

79 Stèle égypto-grecque, cintrée à la partie supérieure :

En haut, le disque ailé et deux uræus. Le tableau représente un personnage grec, vu de face, vêtu d'une longue tunique, amené par Anubis devant quatre autres divinités égyptiennes : Anubis, Horus, Osiris et Isis. Au dessous du tableau quatre lignes d'inscriptions grecques. — Calcaire. — H 0,38, Larg. 0,29.

80 Vase à panse surbaissée en brèche. — D 0,20.

81 Vase à panse surbaissée. — Marbre noir et blanc, dit petit antique. — D 0,25.

82 Belle palette de scribe en ivoire. — Deux godets placés en haut portent encore des traces de couleurs noire et rouge. En dessous le cartouche prénom d'*Aménophis I*er, *Ra. Sar. Ka.*; de chaque côté de la palette une inscription hiéroglyphique.

1° A gauche : « *Proscynème à Thot. toutes choses bonnes au Ka du Chef, scribe royal, Thotmès.* »

2° A droite : « *Proscynème à Ammon-Ra. Les aliments funéraires, milliers de pains et de breuvages au scribe du gynécée Thotmès.* » — Long. 0, 34, Larg. 0,035, Épaisseur 0,01.

PAPYRUS — SARCOPHAGES

— BOIS PEINTS —

83 Grand Papyrus funéraire de l'époque saïte, très bien conservé et absolument complet; de nombreux dessins, très finement exécutés ornent le texte, ainsi que trois tableaux peints en rouge et noir. Les papyrus complets du *Livre des morts* sont très

ANTIQUITÉS 13

rares. — Collé sur toile et monté sur un rouleau de bois. — Long. 7,75, H 0,34.

84 Partie d'un papyrus de l'époque saïte, représentant le chapitre 125 du *Livre des Morts*, avec figures très finement dessinées et tableau représentant le « jugement de l'âme ». — Collé sur carton, mis sous verre et cadre doré. — H 0,45, Larg. 0,70.

85 Partie d'un papyrus de l'époque saïte représentant le chapitre 17 du *Livre des morts*; deux rangées de vignettes finement exécutées décorent le manuscrit. — Collé sur carton, mis sous verre et cadre doré. — H 0,45, Larg. 0,55.

 Ce manuscrit ainsi que le précédent semblent vraisemblablement provenir d'un même papyrus.

86 Vingt-trois échantillons de tissus antiques... quelques-uns avec des inscriptions. — Cadre doré.

87 Momie d'enfant. — Entièrement entourée de ses bandelettes et d'un réseau de perles en terre émaillée. La figure est recouverte par un masque en carton moulé. — Le visage est peint en rouge avec les yeux blancs et la prunelle noire; la coiffure est peinte en noir et le carton gaufré simule des tresses retombant de chaque côté de la tête. — Deux autres cartonnages décorés de figures et d'inscriptions sont placés sur la poitrine et sur les jambes de la momie. — Long. 0,85.

88 Couvercle de sarcophage en bois peint. — La figure est peinte en jaune avec rehauts de noir, le claft gravé jaune et noir, les mains en relief sont croisées sur la poitrine. — Inscriptions, figures, ornements, etc., peints en couleurs sur fond jaune. — H 1,75.

89 Sarcophage en carton. Le masque est doré, les yeux peints en blanc et la prunelle noire. Le claft entoure la tête. Sur la poitrine, le Scarabée ailé; dessous, décoration de figurines, ornements, etc., peints et dorés. — H 1,60.

90 Fragment d'un sarcophage en cartonnage représentant une figurine égyptienne entre quatre divinités : Anubis, Horus, Osiris et Isis. Peinture en couleurs sur fond blanc. — H 0,25, Larg. 0,25.

91 Fragment de sarcophage en bois représentant Osiris et la défunte Arauch. — Peinture en couleurs sur fond blanc. — H 0,28, Larg. 0,11.

92 Coffret funéraire en bois peint. — Chaque côté est décoré d'une façon différente.

Sur le 1er : on voit au dessus d'une porte un personnage coiffé de la couronne blanche et tenant un vase, *Qebh.*, de la main droite, faire une offrande à *Osiris*, suivi d'*Isis*; — de chaque côté du panneau, dix adorants, superposés et peints alternativement sur fond jaune et rouge;

2e côté : Deux adorants de chaque côté d'un naos renfermant le *Tat*, avec les insignes osiriens, au dessous 4 registres contenant 19 personnages marchant vers la droite;

3e côté : A la partie supérieure, un personnage adore *Amset*, et un autre personnage adore Kebhsenouf. Dessous, 4 registres contenant 18 personnages marchant vers la droite;

4e côté : Adoration à *Hapi* et à *Triaumaut*. Dessous, 4 registres contenant 20 personnages. — H 0, 46, Larg. 0,28.

93 Coffret funéraire en bois peint. L'un des côtés repré-

sente une porte surmontée du disque ailé. Les trois autres faces sont décorées de figures et de symboles. — Coloration très fraîche. — H 0,32, Larg. 0,29.

94 Stèle en bois peint sur fond jaune. Dans la partie supérieure : *Ut*, dieu grand étend ses ailes; *Ra*, à tête d'épervier, tenant le signe *Ankh*, est assis dans une barque ; au dessus, les deux yeux *Oudja*. De chaque côté du *Ra* est une inscription.

A droite : « *Ra se lève dans l'Horizon oriental.* »

A gauche : « *Toum se couche dans l'Horizon occidental.* »

Le tableau représente une femme faisant une offrande devant Hor-Khuti et Toum. Au dessous, six lignes d'inscriptions. — H 0,46, Larg. 0,28.

95 Stèle en bois peint. En haut : le disque les ailes étendues. Le tableau représente sur fond bleu :

1° A droite, une adoration à *Hor-Kuti*, par un prêtre vêtu de la peau de panthère, c'est le prophète de *Month-user-Month* ;

2° A gauche, le même personnage adore *Toum*, maître d'Héliopolis. Au dessous, sept lignes d'inscriptions, peintes alternativement sur fond jaune et rouge. — H 0,45, Larg. 0,27.

96 Socle en bois ayant servi de base à une statue de femme dont il reste les deux pieds. Inscriptions hiéroglyphiques au pourtour et sur la partie plate du socle. — Long. 0,26, Larg. 0,08, H 0,055.

97 Statuette funéraire en bois peint. Devant, l'inscription : « *Discours d'Osiris qui réside dans l'Amenti. Dieu grand, maître d'Abydos. Qu'il donne les biens funéraires.* » Au dos : « *Discours de la chanteuse d'Amon Ti-s-Ese-arq-neb, Makhérou.* » — H 0,35.

98 Statuette funéraire en bois peint. Sur la poitrine l'inscription : « *Proscymène à Osiris qui réside dans l'Amenti. Qu'il donne une bonne sépulture au double (Ka) de la dame Arouou Makherou, neb Amkh'.* » — H 0,35.

99 Chacal couché. Bois peint en noir avec rehauts de couleurs au collier et aux yeux. — H 0,26, Long. 0,55.

100 Chacal couché. Bois peint en noir. — Long. 0,49, H 0,21.

101 Quatre éperviers en bois peint à décor polychrome, provenant de coffrets funéraires.

102 Étiquette de momie en bois, avec légende grecque à l'encre. — H 0,09, Larg. 0,15.

103 Statuette funéraire. — Bois. — H 0,32.

104 Scarabée en bois. — Dix lignes d'inscriptions horizontales. — Long. 0,55, Larg. 0,037.
Fin travail.

105 Scarabée en bois. — Trois lignes d'inscriptions verticales. — Long. 0,048, Larg. 0,033.

TERRES ÉMAILLÉES

106 Petite brique représentant en relief le cartouche nom et la bannière royale de Pépi (VIe dynastie). Le reste de l'inscription se rapporte à Héliopolis et aux divinités de cette localité. — Terre émaillée — Long. 0,07.

107 Sistre brisé à double tête d'Hator. — Terre émaillée. — H 0,085.

108 Sistre brisé. Sujet analogue au précédent. — Terre émaillée. — H 0,063.

109 Nofir-Toumou debout. — Terre émaillée. — H 0,10.

110 Deux figurines funéraires *Ushapti* en terre émaillée d'un beau bleu lapis. Les hiéroglyphes, le klaft, des fléaux, sont peints en noir. — H 0,158, 0,115.

111 Figurines funéraires *Ushapti*, en terre émaillée bleue et verte, avec légendes hiéroglyphiques gravées et peintes. — *15 pièces*.

    (Ce lot sera divisé.)

112 Ames. Deux éperviers à têtes humaines. — Terre émaillée. — H 0,055.

113 Scarabée ailé. — Terre émaillée bleue. — Larg. 0,11, Long. 0,035.

114 Scarabée. — Terre émaillée bleue. — Long. 0,035.

115 Scarabée. — Terre émaillée. — Cartouche de Touthmès. — Long. 0,028.

116 Un lot de colliers formés de perles et d'amulettes en terre émaillée et en ambre.

117 Dix pièces. Amulettes en terre émaillée.

118 Trente pièces environ, en terre émaillée représentant le signe Tat.

119 Cinq poissons en pâte de verre. Trois jaunes, un bleu et un vert. — Long. 0,025.

120 Sphinx couché, à tête humaine. Pâte de verre rouge. — Long. 0,045.

121 Sphinx hiéracocéphale tenant une offrande. Pâte de verre bleue. — Long. 0,05.

122 Trois bagues ; deux en terre émaillée et une en verre.

123 Cône funéraire en terre cuite. — Inscription hiéroglyphique en six lignes verticales. — D 0,10.

124 Deux cônes funéraires. — Terre cuite. Inscriptions hiéroglyphiques.

125 Deux têtes de Canopes. Amset. — Terre cuite jaune, la face est peinte en rouge. — H 0,13.

126 Tête de Canope. Amset. — Terre cuite jaune avec retouches noires, coiffure peinte en noir. — H 0,12.

127 Tête de Canope. Amset. — Terre cuite. — H 0,10.

128 Deux statuettes de Bisou, côte à côte, la tête surmontée de plumes. — Terre cuite jaune. — H 0,10.

129 Scarabée en terre émaillée antique formant le chaton mobile d'une bague en or de style égyptien.

130 Deux boucles d'oreilles, lamelles d'or découpées en forme de croissants.

131 Bague d'or.

(La pierre qui ornait le chaton est perdue.)

ANTIQUITÉS ASSYRIENNES

132 Bas-relief assyrien. — Guerrier debout tirant de l'arc ; vu de dos, vêtu d'une tunique courte, la tête tournée de profil à gauche, la barbe et les cheveux sont longs et bouclés. Les jambes et les pieds sont nus. — Le carquois est maintenu par un baudrier placé en sautoir. — Travail d'une remarquable exécution. Ce monument semble appartenir à une suite de bas-reliefs analogues, car on remarque à gauche, la partie postérieure et le bras droit d'un autre guerrier, et à droite, le bras gauche d'un autre archer. — Pierre grise. — H 0,49, Larg. 0,29.

133 Plaque assyrienne portant trois lignes de caractères cunéiformes. — Albâtre. — Long. 0,150, Larg. 0,080.

134 Plaque assyrienne analogue à la précédente. — Albâtre. — Long. 0,155, Larg. 0,80.

135 Beau cylindre en calcédoine. Un personnage ailé, les bras étendus, saisit de chaque main la patte de deux griffons ailés à têtes humaines. — H 0,033.

136 Cylindre assyrien en sardoine. Un personnage divin, muni de quatre ailes, est debout entre deux quadrupèdes ailés qui se dressent contre lui. — H 0,03, D 0,01.

137 Cylindre en hématite. Deux adorants de chaque côté d'un disque ; derrière, deux lions se dressent l'un contre l'autre. — H 0,018.

138 Cylindre assyrien. — Pierre noire. — Une femme à longue chevelure est assise ; elle lève sa main vers un vase ; derrière on distingue deux quadrupèdes et divers symboles. — H 0,02.

139 Cylindre en pierre blanche. En haut le disque ailé, en dessous, de chaque côté d'un arbre, deux animaux. — H 0,028.

140 Cône assyrien en calcédoine saphirine. Adorant devant un autel surmonté de trois lances. — H 0,02.

141 Cylindre égyptien en pierre dure. Cartouche et inscriptions hiéroglyphiques. — H 0,025.

ANTIQUITÉS GRECQUES ET ROMAINES

BRONZES

142 Belle situle étrusque pour l'eau bénite en forme de pendeloque ; anse mobile avec sa chaînette. Sous les bélières, deux petits masques très fins, à barbes cunéiformes, avec moustaches, cornes et oreilles de taureau, les cheveux bouclés et rattachés à la panse du vase par deux appendices simulant des ailes éployées. — Ancien style. — Belle patine verte. — H 0,15.

(*Collection J. Gréau.*)

143 Déesse diadémée, le vêtement collé au corps, les bras étendus symétriquement. Sa chevelure, très longue, forme sur le dos une masse plate et carrée. Manche de patère ; ancien style étrusque. — H 0,097.

Les mains sont brisées. — Socle en jaune de Sienne.

144 Petit brûle-parfums de style étrusque très ancien. — Un Satyre nu, avec moustaches, barbe frisée et oreilles de chèvre, tient un pedum à la main gauche et porte sur son épaule gauche la tige du thymiatérion. Il marche sur la pointe des pieds, et son bras droit se replie au-dessus de la tête. La patère est entée sur un fleuron. — Base à trois griffes. Ancienne coll. Louis Fould (*Cat.* n. 1227). — Chabouillet, *Description du cabinet Fould*, pl. XVI. — H 0,265.

(*Collection J. Gréau.*)

145 Chandelier trouvé dans l'île de Chypre. — Le fût traverse deux calices de roses; le support est formé par trois tiges triangulaires, appuyées contre un anneau et se terminant en feuilles repliées. — H 0,29. — Socle en jaune de Sienne.

146 Lampe ornée d'un masque de Silène formant couvercle. Grande anse mobile, façonnée en palmette, convexe au revers, concave du côté de la lumière et se rabattant à volonté sur la lampe. Cette palmette porte sur sa face interne des nervures très prononcées qui devaient aider à la réflexion de la flamme. — L 0,19.

(*Collection J. Gréau.*)

147 Lampe dont le couvercle mobile a la forme d'un beau masque de Bacchus du style grec sévère. Barbe frisée en longues spirales, couronne de lierre et de korymbes. L'anse est décorée d'un dauphin et d'un fleuron ajouré. — L 0,15.

148 Lampe à deux becs, placés aux deux extrémités de la cuvette. Sur la plate-forme, deux crochets à suspen-

sion, en forme de chénisques. — Patine verte. — L 0,186.

149 Lampe chrétienne avec sa chaînette à suspension. L'anse est surmontée d'une colombe. — L 0,13.

150 Grand miroir étrusque, orné de cercles et supporté par une figurine de déesse du beau style archaïque. Debout, les jambes appliquées l'une contre l'autre, cette figurine n'a pour vêtement qu'une espèce de caleçon de nageur. Ses cheveux, frisés en bouclettes au dessus du front, retombent en masse triangulaire sur le dos et en longues tresses (une de chaque côté) sur la gorge. Le disque du miroir s'appuie sur la tête de la déesse, dont les bras se lèvent symétriquement et dont les mains retiennent par les queues deux lionceaux couchés sur le rebord inférieur du miroir. — H 0,362. — Base en jaune de Sienne.

(*Collection J. Gréau.*)

151 Miroir étrusque gravé, avec son manche terminé en tête de chevreuil.
Les deux Pénates troyens, en chlamydes courtes, sont debout en face l'un de l'autre, les mains derrière le dos. Entre eux, deux femmes drapées. Fronton de temple à l'arrière-plan. Bordure de feuillage. — D 0,12.

152 Miroir étrusque gravé. — Deux femmes drapées, dont l'une couronnée de feuilles, sont debout entre les deux Pénates qui, les jambes croisées, se tiennent en face l'un de l'autre. Les Pénates portent des tuniques courtes et des endromides qui remontent jusqu'à mi-jambe. Temple dans le fond. Bordure de laurier. Palmette au dessus du manche

qui se termine en tête de chevreuil. — D 0,127, H 0,27.

153 Miroir étrusque gravé; manche terminé par une tête de chevreuil.

Les deux Pénates, vêtus de chlamydes courtes, sont debout l'un en face de l'autre. Entre eux, une femme (Vénus), le haut du corps nu, le bras droit sur la hanche, et un troisième Pénate drapé et coiffé comme les autres. Temple au second plan. Bordure de feuilles. Belle patine verte. — D 0,128. — Brisé en deux morceaux.

154 Miroir étrusque gravé, à disque très épais, représentant les vendanges.

A la gauche, un Satyre vêtu d'une perdalide et armé d'une serpe. Au milieu, une Bacchante drapée, les cheveux cachés sous un tissu; elle pose sur sa tête le *liknon* bachique rempli de grappes de raisin. A droite, un Satyre nu, tenant également une serpe. Le cep de vigne qu'on dépouille de ses fruits sert de bordure au sujet. Publié dans Gerhard, *Miroirs étrusques*, pl. 313. — D 0,152.

(*Collection J. Gréau.*)

155 Miroir grec. — Poignée formée par une figurine de Vénus drapée, d'ancien style, debout sur une base circulaire. La déesse porte un diadème de perles et de rosaces. Ses cheveux retombent sur le dos en masse plate qui ne s'arrête qu'au-dessus de la ceinture. Sa main gauche relève légèrement le double chiton, dont les manches descendent à mi-bras; sa main droite avancée tient une pomme. Le pourtour du disque est bordé de perles. Trouvé à Mégare. — H 0,365.

156 Miroir circulaire, la face unie, le revers orné de cercles en relief très finement exécutés sur le tour. — D 0,168.

157 Autre, à ailerons découpés, le bord entouré d'un cordonnet. — Kamiros. — D 0,17.

158 Autre, plus petit. — D 0,14.

159 Miroir, le revers orné de cercles concentriques. — D 0,14.

160 Miroir dans sa boîte. Le couvercle a perdu le sujet en relief qui le décorait, mais la charnière et l'anse mobile fixée sur un fleuron subsistent. Le dessous de la boîte est orné de cercles concentriques en relief, exécutés sur le tour. — D 0,14.

161 Fragment d'un miroir en métal blanc, décoré de cercles concentriques et bordé d'un rang de points à jour. — D 0,11.

162 Patère étrusque à anse unie; sur la face externe du fond, quelques cercles en relief servant de pied. — D 0,165.

163 Femme drapée (Isis) dans un chiton et un manteau noué autour des jambes, qui sont appliquées l'une contre l'autre. Ses bras se croisent sur la poitrine, et ses mains viennent se poser sur les seins. Cheveux bouclés en spirales et réunis en chignon derrière la nuque. — Manche de patère? Trouvée dans l'île de Chypre. — Basse époque. — H 0,13. — Socle en jaune de Sienne.

164 Empereur romain du IIIe siècle (Victorin?), barbu, en costume militaire (casque à aigrette, cuirasse à lambrequins, jambières et sandales). Son bras droit

levé s'appuyait sur une haste, le bras gauche se replie et la main tient l'attache du bouclier (perdu). — H 0,125. — Base en jaune de Sienne.
(*Collection J. Gréau.*)

165 Jeune homme en costume servile, couronné de laurier et portant avec effort, sur son épaule gauche, une hampe de trophée. Il se dirige vers la droite. Sa tunique courte est serrée à la ceinture et laisse le pectoral droit découvert. — Applique. — H 0,091.

166 Jeune homme, une chalmyde en guise de tablier autour des reins, un serpent à la main gauche. Sa main droite avancée tient une patère. Style de la décadence. — H 0,015. — Base en jaune de Sienne.

167 Terme ithyphallique de Bacchus barbu (style sévère). La main gauche abaissée saisit le phallus, le bras droit est brisé. — H 0,10. — Base cylindrique en brèche.

168 Petit Terme phallique d'homme barbu, drapé et voilé. — H 0,044. — Socle en jaune de Sienne.

169 Femme nue, les bras levés symétriquement. Ses cheveux sont entourés d'une bandelette, son collier est orné d'une bulle. Jambe droite fléchie. Au revers une attache en forme de palmette. — Manche de patère étrusque. — H 0,18. — Base en jaune de Sienne.

170 Bulle étrusque. Sur le couvercle, à charnière, un masque imberbe de face, aux cheveux frisés retombant sur le front. L'intérieur est oviforme, la boîte elle-même se termine dans le haut par un triangle tronqué, dans le bas par un triangle accosté de trois petits cylindres. — H 0,038.

171 Très beau masque de Silène; plaque d'attache d'une anse de situle. Style grec sévère — H 0,074.

172 Grande situle à deux anses mobiles et façonnées en torsades. Au milieu de la panse une frise de billettes en forte saillie. Trouvée à Milan. — Patine bleuâtre. — H 0,20, D 0,20.

173 Passoire étrusque d'ancien style. Sur le manche plat, en relief peu saillant, un éphèbe en tunique courte, levant les deux bras et se dirigeant vers la gauche en retournant la tête en arrière. Dessous, une feuille lancéolée terminée en fleuron. Anneau à suspension. — D 0,14.

174 Lampe unie, à patine verte. Cuvette ornée de cercles en relief, anse plate. Une ouverture en feuille de lierre a servi au redressement de la mèche. — Trouvée aux environs de Dijon. — L 0,12.

175 Lampe à cuvette circulaire; cercles concentriques. — Patine verte. — D 0,085.

176 Ceinturon militaire étrusque, muni de deux agrafes ciselées, dont les attaches sont façonnées en palmettes. Six trous entourés de cercles en relief et disposés deux par deux servaient à retenir les agrafes. — Les bords supérieur et inférieur sont percés chacun d'un rang de petits trous pour fixer la doublure du ceinturon. — L 0,71.

(*Collection J. Gréau.*)

177 Fragment d'un large ceinturon étrusque, avec ses deux agrafes, dont les attaches sont découpées en palmettes et gravées au trait. — L 0,22.

178 Fragment semblable, moins large, les palmettes travaillées au repoussé. — L 0,15.

179 Autre, plus petit, pourvu de ses agrafes. Palmettes au repoussé. — L 0,067.

180 Autre, de style étrusque primitif. Il ne subsiste qu'une seule agrafe façonnée en homme nu, aux bras pendants. — L 0,102.

181 Boucle de ceinturon étrusque. Cupule accostée de deux crochets, ornée de spirales de dimensions variées, dans le genre des fibules d'ancien style, et surmontée d'un bouton quadrillé. A la base, un cordonnet. — Patine verte. — L 0,07.

182 Grande agrafe formée par une figure ailée, en chiton talaire tenant un masque de la main gauche levée. — Elle est debout sur une palmette. — Dans le haut, une tête d'animal dont la gueule ouverte retient le crochet. — Ancien style étrusque. — L 0,122.

183 Grande agrafe décorée d'une palmette gravée. — L 0,116.

184 Extrémité d'un ceinturon ajouré, représentant des oiseaux becquetant des fruits. — Patine verte. — Style étrusque. — L 0,058.

185 Extrémité d'un ceinturon étrusque, orné d'un masque de lion d'ancien style. — L 0,017.

186 Bague; chaton façonné en croissant et portant l'inscription VIVAS. — D 0,021.

187 Bague avec intaille sur cornaline : coq à g. sur un modius et une balance; devant un épi de blé. — D 0,017.

188 Bague étrusque ornée de quatre spirales. — D 0,021.

189 Grande fibule. Ardillon droit, couronné d'une boule pleine; arc rentrant, orné d'une torsade; deux ressorts, l'un dans le haut, l'autre au coude. — H 0,152.

190 Fibule. Dans le haut trois anneaux juxtaposés, un seul dans le bas; le milieu et le coude décorés d'annelets, la gaine en forme de ruban. — H 0,08.

191 Fibule. L'épingle s'arrête à un petit disque, puis se bifurque, se replie sur elle-même et se termine par deux losanges découpés, séparés par une traverse à deux rouelles. — H 0,10.

192 Autre. Au sommet de l'épingle, une petite traverse sans décor; absence de ressort, le devant découpé en double losange et orné de deux traverses coniques. — H 0,106.

193 Forme analogue, avec ressort et trois losanges accostés chacun de deux petits clous en saillie. — H 0,073.

194 Petite fibule, l'épingle se replie quatre fois sur elle-même formant autant de petits anneaux parallèles, la gaine simulant un soc de charrue. — H 0,046.

195 Grande fibule à arc massif décoré de dessins géométriques. — H 0,16.

196 Fibule à ressort. — Sur le devant la tige serpente, s'épaissit et se divise en deux petits appendices et terminés par deux boutons. — H 0,057.

197 Grande fibule étrusque en forme de sphendoné creuse. Décor géométrique; ressort simple. — H 0,145.

198 Fibule de forme analogue. — H 0,112.

199 Petite fibule du même genre, à double ressort; l'épingle dépasse la gaine. — H 0,062.

200 Six petites fibules à double crochet, toutes perforées au centre.

201 Grande fibule arquée. C'est l'épingle qui décrit l'arc et se replie deux fois sur elle-même pour se terminer en gaine. — H 0,155.

202 Forme analogue ; la tige, à son extrémité, se recourbe et fait office de crochet pour retenir l'ardillon. — H 0,097.

203 Fibule à deux anneaux, un grand au sommet, un petit au coude de la tige qui s'aplatit plus loin, forme comme un nœud de ruban pour retenir l'épingle, et se termine en volute. — H 0,11.

204 Petit vase étrusque à anse surélevée. — Vraisemblablement une mesure de capacité. — H 0,088.

205 Vase analogue. — H 0,10.

206 Bassin à panse surbaissée. Une gorge profonde règne au dessous du rebord ; autour du pied, un rang de têtes de clou. — Fabrique étrusque. — Trouvé à Milan. — H 0,13, D 0,20.

207 Vase en forme de cône tronqué, orifice à rebord évasé. — Étrurie. — H 0,15.

208 Bassin peu profond, à deux anses mobiles. — Étrurie. H 0,06, D 0,20.

209 Petit candélabre portant sur trois pieds recourbés. — H 0,150.

210 Couronnement d'un lampadaire étrusque. Rebord godronné, finement ciselé et muni de deux

oreillettes; cordonnet en relief; double frise de lierre et de korymbes gravée au trait. — D 0,115.

211 Autre, avec une seule frise de lierre gravée. — D 0,105.

212 Paire de poignées d'amphore. Tige cannelée, appuyée sur deux attaches en forme de feuilles. — L 0,19.

213 Paire de poignées d'amphore, reposant chacune sur un groupe de deux oies mortes, couchées sur le dos l'une à côté de l'autre, les ailes éployées, les têtes tournées de côté. — L 0,084.

214 Armature d'un vase étrusque : Goulot et anse avec les attaches de la charnière du couvercle. — H 0,125.

215 Double anse de situle avec ses deux plaques d'attache ornées de masques de Méduse. — Étrurie. — L 0,29.

216 Poignée de grand vase avec ses deux attaches cordiformes, ornées de masques de Satyre à barbe conique. — Ancien style étrusque. — H 0,13.

217 Poignée d'un grand vase étrusque de style primitif, garnie de six têtes de clous. Dans le haut, une figurine debout et de face, les jambes écartées, entre deux quadrupèdes adossés qu'elle retient par les queues. — H 0,115.

218 Une collection de passe-lacets de formes et d'ornementation variées. — 10 pièces.

219 Sonnette aplatie. Quatre appendices au bord inférieur. Trouvée à Arles. — H 0,055.

220 Autre, à panse comprimée et formant quatre angles. — H 0,035.

221 Autre, très petite, ornée de cercles concentriques. — H 0,020.

222 Situle à deux anses; parois épaisses, anse mobile et chaînettes. — H 0,05.

223 Petit couvercle rond et plat, dont un segment se relève au moyen de deux charnières.

224 Vase pomiforme à parois épaisses, orné de cercles concentriques en creux. Sur le bord, trois oreillettes à suspension avec quelques restes de chaînettes. — H 0,09.

225 Petit bassin étrusque, monté sur trois griffes, avec couvercle et anse mobile. — H 0,095, D 0,114.

226 Petite marmite à trois pieds; double nervure centrale en relief. — H 0,12.

227 Vase à anse plate, muni extérieurement d'une armature de cinq côtes verticales clouées sur la panse. Au sommet de l'anse, deux appendices droits et perforés (pour fixer le couvercle).
   xve siècle. — Trouvé à Lyon. — H 0,23.

228 Silène allant vers la droite en traînant une chèvre après lui. Il est chaussé de brodequins, vêtu d'une chlamyde qui laisse le devant du corps à découvert, et à la main gauche il porte un vase.
   Reproduction d'un groupe antique en terre cuite. — H 0,122.

MARBRES, etc.

229 Très jolie statuette de Vénus. — La déesse est nue, la tête légèrement inclinée en avant ; les cheveux ondulés sur le front sont maintenus par une bandelette et noués en chignon au dessus de la nuque. — La jambe droite est un peu avancée et fléchie ; la jambe gauche supporte le poids du corps. Les oreilles sont percées et devaient être ornées de bijoux d'or. Il reste du côté gauche de la statuette un fragment d'un amour qui reposait sur son épaule, et, à la hauteur de la cuisse, un morceau de tronc d'arbre. — Marbre de Paros. — H 0,45.

Ce beau monument a été trouvé à Carthage en 1853 et a fait partie de la collection de M. Ange de Saint-Quentin, ancien consul de France à Tunis. — Socle en bois sculpté.

<small>Les jambes sont brisées à partir des genoux, les bras manquent, restaurations au nez et aux yeux.</small>

230 Tête de femme, les cheveux noués en gerbe. — Sculpture athénienne. Marbre de Paros. — H 0,10.

231 Double tête barbue, représentant deux philosophes grecs. — Marbre de Paros. — H 0,11.

232 Huit stèles funéraires phéniciennes portant des inscriptions grecques. — Marbre blanc.

233 Tête de Mercure d'ancien style grec, cheveux frisés en bouclettes, barbe longue et quadrangulaire. — Fragment de Terme. — Pierre verte tendre. — H 0,034.

234 Petite amphore à base pointue et à deux anses. — Albâtre. — H 0,125.

235 Deux vases de forme cylindriqne. *Alabastron*. L'un en albâtre, l'autre en terre cuite. — Trouvés à Chypre en 1885. — H 0,20.

236 Tête de Vénus Chypriote avec pendants d'oreilles et diadème orné de palmettes. — Calcaire. — H 0,082.

237 Quatre têtes de femmes, coiffures variées. — Calcaire.

VERRERIE

238 Flacon piriforme en verre violet. — H 0,10.

239 Flacon en forme de pomme de coing. — Anse à nervures. — Irisation bleue. — H 0,124.

240 Coupe en pâte verte décorée d'une frise de godrons. D 0,105.

241 Coupe analogue. — Belle irisation. — D 0,10.

242 Coupe analogue. — D 0,125.

243 Coupe en verre blanc ornée d'un collier de guttules bleues. Trouvée en Phénicie. — D 0,122.

244 Coupe haute en verre jaune, le rebord légèrement évasé. — D 0,12.

245 Verre à boire, parois minces à quatre dépressions. — H 0,115.

246 Gobelet de même forme. — H 0,09.

247 Gobelet analogue. — H 0,09.

248 Gobelet piriforme à rebords évasés. — H 0,072.

249 Verre à boire. — Belle irisation. — H 0,08.

250 Gobelet avec son couvercle en forme de cône tronqué. — Belle irisation. — H 0,075.

251 Verre de même forme. — H 0,065.

252 Deux autres verres analogues.

253 Verre à boire, se rétrécissant vers le haut. — H 0,085; — et deux petits lécythes.

254 Flacon à panse pomiforme à goulot droit. — H 0,12.

255 Coupe en verre blanc, parois épaisses. — D 0,12.

256 Coupe à bords droits. — D 0,10.

257 Flacon à long col et à base plate en forme de chandelier. — Très belle irisation. — H 0,17.

258 Vingt flacons de forme analogue.
(Ce lot sera divisé.)

259 Trois gobelets en verre blanc.

260 Six flacons en verre blanc.

261 Balsamaire cylindrique à décor de cercles et de dentelures en jaune et vert sur fond bleu. — H 0,105.

262 Balsamaire cylindrique à décor de plumes blanches sur fond bleu. — H 0,105.

263 Huit fragments de verres polychromes, de formes diverses.

TERRES CUITES

264 Tête de jeune femme, les cheveux frisés en dix bandeaux. Style des figures de Tanagra. Terre brune. — H 0,045.

265 Jolie tête de femme, les cheveux ondulés, le diadème orné de trois fleurons. — H 0,09.

266 Tête de jeune déesse coiffée d'un kalathos énorme. — Terre cuite. — H 0,11.

267 Tête de femme parée de pendants d'oreilles, chevelure très volumineuse. — H 0,058.

268 Tête d'Ethiopien, d'un modelé remarquable. — Terre cuite brune. — H 0,042.

269 Trois têtes de femme. Chevelure abondante et frisée. Oreilles percées.

270 Sept masques en terre cuite.

271 Deux masques de grotesques. — Terre blanche.

272 Trois têtes d'hommes coiffés d'un casque.

273 Collection de petites têtes de femmes en terre cuite, modèles différents. — Environ 20 pièces.

(Ce lot sera divisé.)

274 Vingt pièces environ. Têtes et fragments de statuettes en terre cuite.

275 Grande statuette de Diane, drapée et parée d'un

collier; à sa droite, un cerf debout. — La tête de la déesse manque. — Trouvée à Chypre en 1882. — H 0,38.

276 Amour casqué, vêtu d'une chlamyde tenant de sa main droite une grappe de raisin, et de l'autre, un flambeau. — H 0,17.

277 Éros ailé, il joue d'une sorte de guitare. — H 0,09.

278 Harpocrate enfant accroupi, l'index de la main droite aux lèvres. — Terre cuite.

279 Deux statuettes en terre cuite représentant Vénus.

280 Deux statuettes de femmes entièrement drapées. — Style de Tanagra. — Terre cuite.

281 Eulogie chrétienne. — Gourde plate décorée d'un côté d'une couronne de feuilles; de l'autre, d'une légende grecque en trois lignes séparées par des barres horizontales. — D 0,065.

L'une des anses manque.

282 Lampe représentant un combat de deux gladiateurs. ℞. La marque du fabricant FLORENI. — D 0,096.

283 Dix lampes terre cuite à sujets variés.

284 Lion couché, terre cuite. — Long. 0,24.

VASES PEINTS

285 Amphore d'ancien style à figures noires sur fond rouge représentant *Pélée* enlevant *Thétis* en présence de deux nymphes. — Au revers, un hoplite

accompagné de son archer, prend congé de ses parents. — H 0,41.

286 Vase à panse ovoïde, à large col et à deux anses verticales, décoré, en couleur rouge sur fond noir, d'une tête de femme de profil. — H 0,39.

287 Askos. Éros à genoux tient une aiguière et un plateau. — Palmettes et ornements, décor rouge sur fond noir. — H 0,20.

288 Vase à panse ovoïde à deux anses surélevées et deux autres anses horizontales, décoré d'une scène à deux personnages : Un jeune homme assis à gauche présente un plateau à une femme debout devant lui.— Au revers, une femme ailée assise à droite. — H 0,38.

289 Amphore à deux anses représentant une femme ailée poursuivant un lièvre. — Décor blanc sur fond noir. — H 0,35.

290 Hydrie. Tête de femme de profil, à gauche. — Décor rouge sur fond noir. — H 0,28.

291 Sept petits vases, décor rouge sur fond noir. — Lécythes, coupes, amphores, etc.

292 Coupe couverte à deux anses, décor de palmettes et de cercles concentriques en noir sur fond rouge.— Le couvercle est surmonté d'un large bouton. — D 0,26, H 0,21.

293 à 295 Lot de vases peints à décor rouge sur fond noir. — Formes variées. — Environ 15 pièces.
(Ce lot sera divisé.)

MACON, PROTAT FRÈRES, IMPRIMEURS

Pl. I.

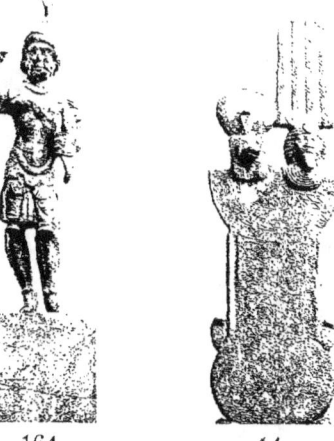
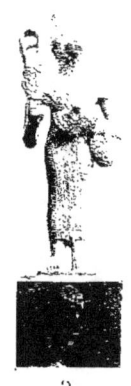

164   14   3

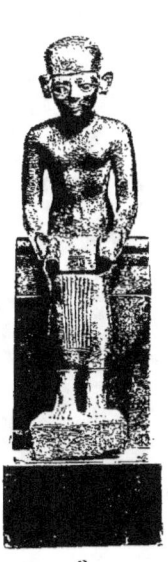
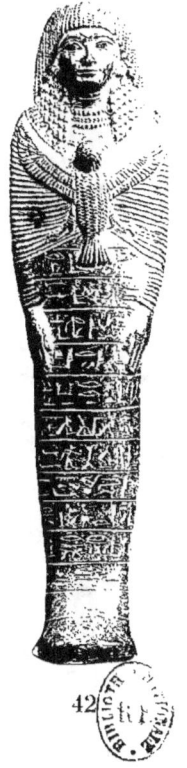
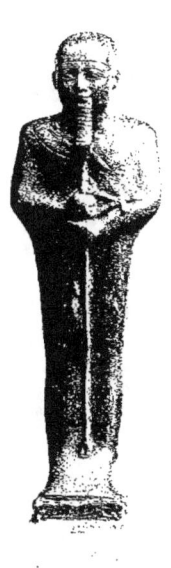

9   42   10

Phototypie Berthaud, Paris.

Pl. III.

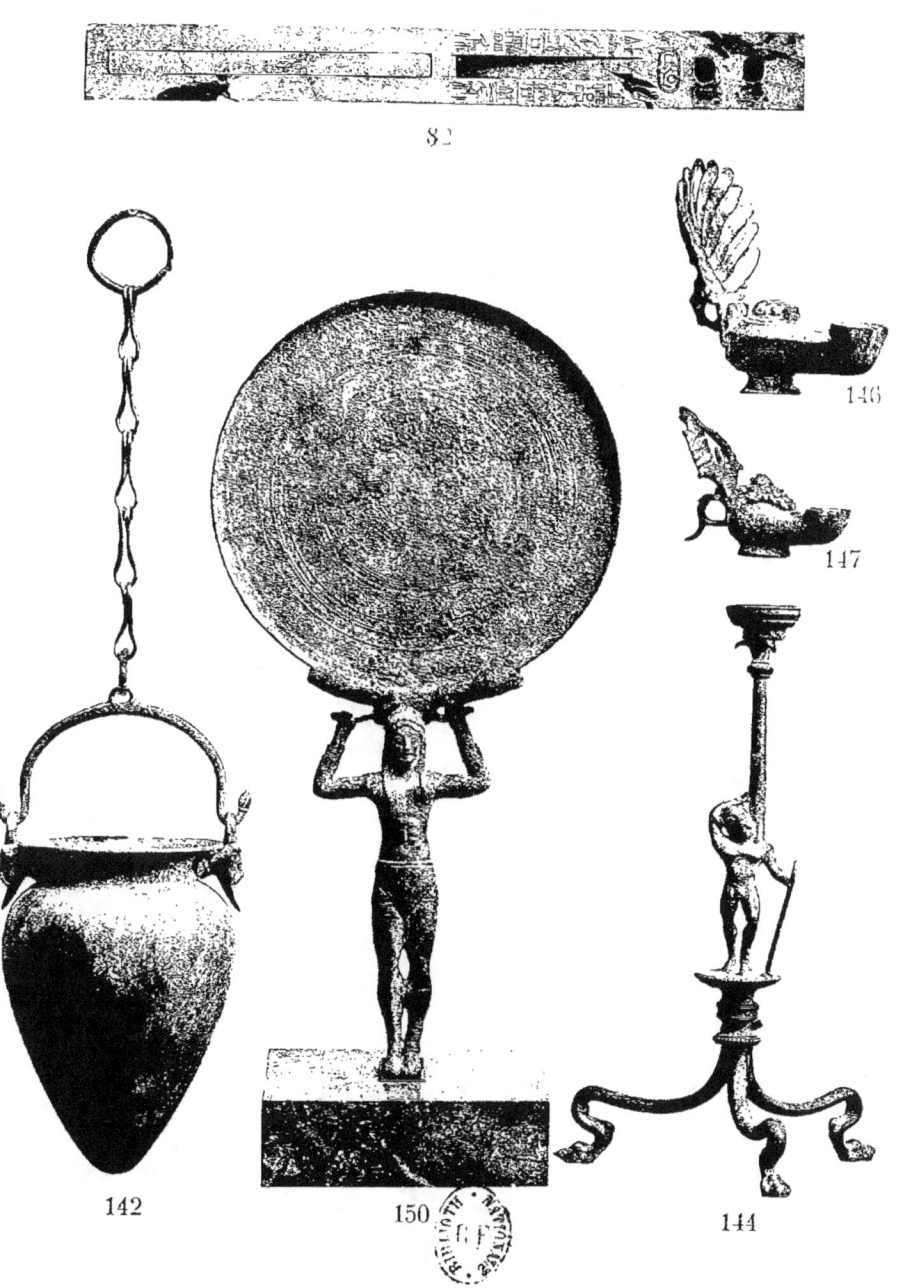

Pl. III.

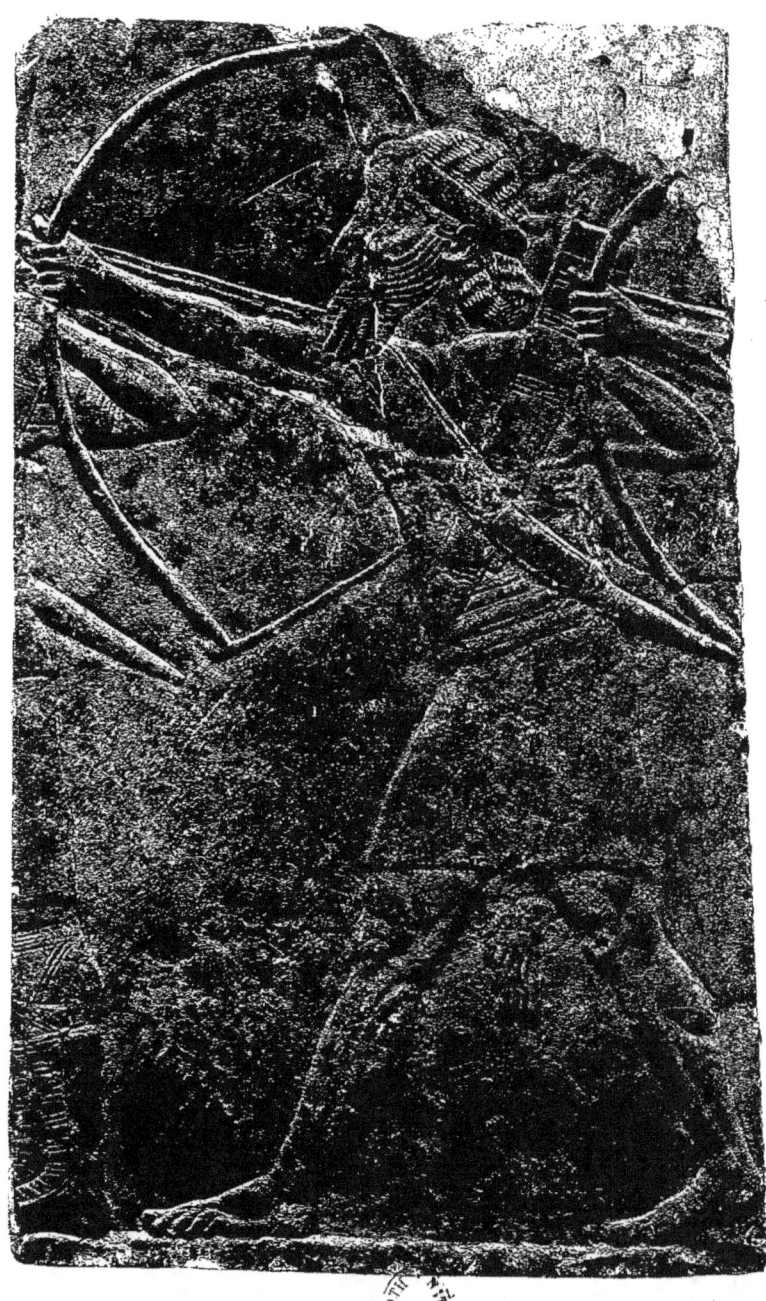

Phototypie Berthaud, Paris.

Pl. IV.

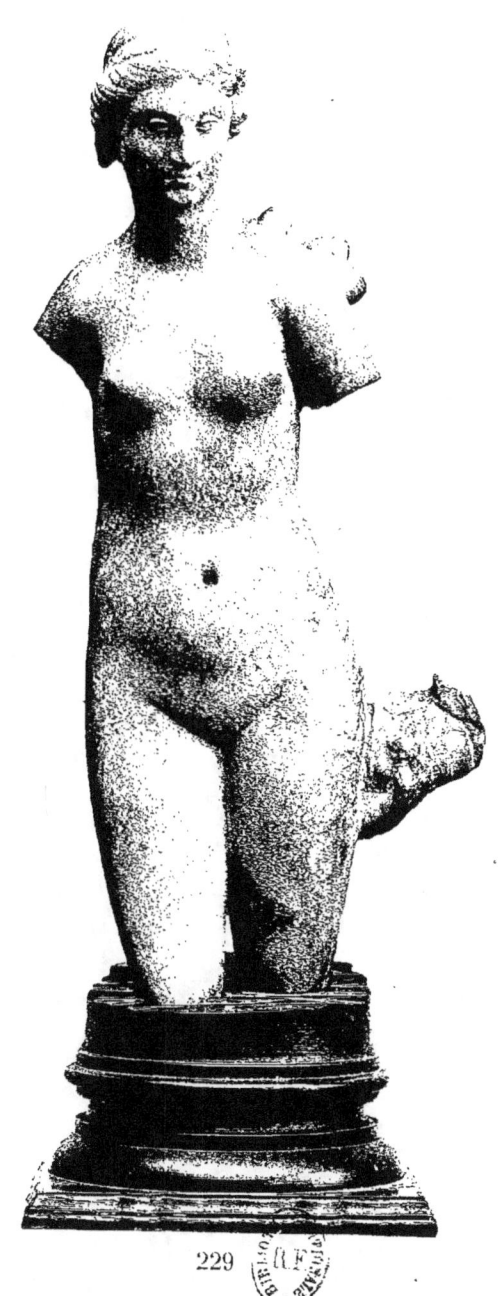

Phototypie Berthaud, Paris.

www.ingramcontent.com/pod-product-compliance
Lightning Source LLC
Chambersburg PA
CBHW050027230526
45470CB00003B/1170